ORDONNANCE

SUR

L'EXERCICE ET LES ÉVOLUTIONS DE LA CAVALERIE

DU 6 DÉCEMBRE 1829,

APPROPRIÉE A CHAQUE ARME,

Modifiée d'après les décisions ministérielles qui ont paru jusqu'à ce jour;

Annotée et augmentée d'une

INSTRUCTION PRATIQUE

POUR DONNER LA LEÇON SUR LE TERRAIN;

PAR A. BUÉ,
Capitaine adjudant-major au 3e cuirassiers.

CARABINIERS ET CUIRASSIERS.

ÉCOLE DU CAVALIER A PIED.

PARIS,
LIBRAIRIE MILITAIRE
J. DUMAINE, LIBRAIRE-ÉDITEUR DE L'EMPEREUR,
Rue et Passage Dauphine, 30.

1863

ORDONNANCE

SUR

L'EXERCICE ET LES ÉVOLUTIONS DE LA CAVALERIE

DU 6 DÉCEMBRE 1829.

CARABINIERS ET CUIRASSIERS.

ÉCOLE DU CAVALIER A PIED.

PARIS. — Impr. de COSSE et J. DUMAINE, r. Christine, 2.

ORDONNANCE

SUR

L'EXERCICE ET LES ÉVOLUTIONS DE LA CAVALERIE

DU 6 DÉCEMBRE 1829,

APPROPRIÉE A CHAQUE ARME,

Modifiée d'après les décisions ministérielles qui ont paru jusqu'à ce jour.

Annotée et augmentée d'une

INSTRUCTION PRATIQUE

POUR DONNER LA LEÇON SUR LE TERRAIN;

PAR A. BUÉ,

Capitaine adjudant-major au 3e cuirassiers.

CARABINIERS ET CUIRASSIERS.

ÉCOLE DU CAVALIER A PIED.

PARIS,

LIBRAIRIE MILITAIRE.

J. DUMAINE, LIBRAIRE-ÉDITEUR DE L'EMPEREUR,

Rue et Passage Dauphine, 30.

1863

TITRE II.

INSTRUCTION A PIED.

ÉCOLE DU CAVALIER A PIED.

1. Cette école ayant pour objet l'instruction individuelle et progressive des recrues, l'instructeur ne fait jamais exécuter un mouvement avant d'en avoir donné l'explication littérale, et il exécute le mouvement qu'il commande, afin de joindre l'exemple au principe. Il accoutume l'homme de recrue à prendre de lui-même la position démontrée, ne le touche pour la rectifier que lorsque son défaut d'intelligence l'exige, et veille à ce que tous les mouvements soient exécutés avec calme et sans précipitation.

Chacun des mouvements doit être parfaitement compris avant de faire passer à un autre. Lorsqu'ils ont été bien exécutés, en suivant la série indiquée dans chaque leçon, l'instructeur ne s'astreint plus à cet ordre : il doit, au contraire, l'intervertir pour juger de l'intelligence des cavaliers.

2. L'instructeur fait toujours reposer à la fin de chaque partie des leçons, et plus souvent, s'il le juge nécessaire, surtout dans le commencement ; à cet effet, il commande : REPOS.

Au commandement REPOS, le cavalier n'est plus tenu à garder l'immobilité, ni à rester en place. Si l'instructeur ne veut que soulager l'attention du cavalier, il commande : *En place* = REPOS : le cavalier n'est plus astreint alors à garder l'immobilité ; mais il conserve toujours l'un ou l'autre pied en place.

3. Lorsque l'instructeur veut faire commencer le travail, il commande : GARDE A VOUS ; à ce commandement, le cavalier prend la position, l'immobilité, et fixe son attention.

PREMIÈRE LEÇON.

Ire PARTIE.	IIe PARTIE.
Position du cavalier à pied.	Pas ordinaire.
Tête à droite, tête à gauche.	Marquer le pas.
A droite, à gauche.	Changer le pas.
Demi-tour à droite.	A droite ou à gauche en marchant.
Quart d'à-droite, quart d'à-gauche.	Quart d'à-droite ou quart d'à-gauche en marchant.
	Pas accéléré.
	Pas en arrière.

PREMIÈRE PARTIE.

4. Les premiers principes de la position et ceux de la marche sont donnés, autant que possible, homme par homme, ou au plus à quatre cavaliers à la fois. Dans ce dernier cas, ils sont placés sur la même ligne, à 1 mètre l'un de l'autre, sans exiger qu'ils s'alignent entre eux.

Le cavalier est en veste d'écurie et bonnet de police.

Position du Cavalier à pied.

5. Les talons sur la même ligne et rapprochés autant que la conformation de l'homme le permet ;

Les pieds un peu moins ouverts que l'équerre, également tournés en dehors ;

Les jarrets tendus sans les roidir ;

Le corps d'aplomb sur les hanches, et un peu penché en avant ;

Les épaules effacées et également tombantes ;

Les coudes près du corps ;

La paume de la main un peu tournée en dehors, le petit doigt le long de la couture du pantalon ;

La tête droite sans être gênée ;

Le menton rapproché du col sans le couvrir ;

Les yeux fixés droit devant eux.

Quand le cavalier est en armes, il a la main gauche pendante sur le côté, par-dessus le sabre.

6. *Les talons sur la même ligne :* parce que, s'il y en avait un plus reculé que l'autre, l'épaule du même côté serait en arrière.

Les pieds un peu moins ouverts que l'équerre : parce que si les pieds étaient trop tournés en dehors, le haut du corps ne pourrait être porté en avant sans que la position devînt chancelante.

Également tournés en dehors : parce que, si un pied était plus en dehors que l'autre, l'épaule du même côté serait en arrière.

Les jarrets tendus sans les roidir : parce que, si l'homme les roidissait, il en résulterait de la gêne et de la fatigue.

Le corps d'aplomb sur les hanches : parce que c'est le seul moyen de donner à l'homme un parfait équilibre. (L'instructeur doit observer que la plupart des recrues ont la mauvaise habitude de pencher une épaule, de creuser un côté ou d'avancer une hanche.)

Le haut du corps un peu penché en avant : parce que les hommes de recrue ont l'habitude de creuser les reins, d'avancer le ventre et de renverser les épaules. Il est essentiel de prévenir ce vice de position ou de le détruire, car il met le cavalier hors de son aplomb. (Pour s'assurer qu'un cavalier a le haut du corps bien placé, il faut lui appuyer le doigt contre la poitrine ; si sa position est bonne, il résiste à la pression.)

Les épaules effacées : parce que si l'homme avait les épaules en avant et le dos voûté, défauts ordinaires de la plupart des recrues, il ne pourrait ni s'aligner, ni manier son arme avec facilité. (Il faut observer soigneusement, en faisant effacer les épaules, de ne pas les jeter trop en arrière, ce qui ferait creuser les reins.)

Les coudes près du corps et la paume de la main un peu tournée en dehors : parce qu'il importe, soit pour la perfection du port d'armes, soit pour n'occuper dans le rang que l'espace nécessaire au maniement des armes, que le cavalier ait les coudes bien placés. Cette position des coudes et des mains remplit l'un et l'autre objet, et a de plus l'avantage de faire effacer les épaules.

La tête droite sans être gênée : parce que, si elle penchait, elle ferait baisser l'épaule du même côté, et que, s'il y avait de la roideur, elle se communiquerait à toute la partie supérieure du corps dont elle gênerait les mouvements.

Les yeux fixés droit devant eux : parce qu'en tournant les yeux on finit par tourner la tête du même côté ; la tête directe étant le plus sûr moyen de maintenir les épaules carrément, on ne peut trop s'attacher à donner aux cavaliers l'habitude de cette position.

Tête à droite, Tête à gauche.

7. L'instructeur commande :

1. *Tête* = (*à*) DROITE.
2. FIXE.

A la dernière partie du premier commandement, qui est DROITE, tourner doucement la tête à droite, de manière que le coin de l'œil gauche, du côté du nez, réponde à la ligne des boutons de la veste.

Au commandement FIXE, replacer doucement la tête directe.

8. Le mouvement *Tête à gauche* s'exécute suivant les mêmes principes et par les moyens inverses aux commandements : 1. *Tête*=(*à*) GAUCHE ; 2. FIXE.

9. L'instructeur veille à ce que le mouvement de la tête n'entraîne pas les épaules, ce qui pourrait arriver si l'on brusquait le mouvement, ou si l'on tournait la tête plus qu'il n'est indiqué.

Le cavalier ne devant tourner la tête que pour s'aligner, et dans les mouvements de conversion, il importe de l'habituer à ne la tourner que fort peu.

A droite, à gauche, demi-tour à droite, quart d'à-droite, quart d'à-gauche.

10. L'instructeur commande :

1. *Cavalier à droite* (ou *à gauche*).
2. (*à*) DROITE (ou *à* GAUCHE).

1 *temps*.

Au deuxième commandement, qui est DROITE (ou GAUCHE), soulever légèrement le pied droit, tourner sur le talon gauche en élevant un peu la pointe du pied, et replacer de suite le talon droit à côté du gauche et sur la même ligne.

11. CAVALIER DEMI-TOUR = (*à*) DROITE.

2 *temps*.

1. A la première partie du commandement, qui est CAVALIER DEMI-TOUR, faire un *demi-à-droite* sur le talon gauche, en portant le pied droit en équerre derrière le gauche, le cou-de-pied droit vis-à-vis et à 8 centimètres du talon.

2. A la dernière partie du commandement, qui est DROITE, tourner snr les deux talons pour faire face en arrière, en élevant un peu la pointe des

pieds, les jarrets tendus, et rapporter le pied droit à côté du gauche.

12. 1. *Cavalier oblique à droite* (*ou à gauche*).
2. (*à*) DROITE (*ou à* GAUCHE).
1 *temps.*

Au deuxième commandement, qui est DROITE (ou GAUCHE), soulever légèrement le pied droit, tourner sur le talon gauche en élevant un peu la pointe du pied, et replacer de suite le talon droit à côté du gauche et sur la même ligne, ayant l'attention de n'exécuter qu'un *quart* d'*à-droite* ou d'*à-gauche.*

13. L'instructeur exige que ces mouvements ne dérangent pas la position du corps.

DEUXIÈME PARTIE.

Pas ordinaire.

14. La longueur du pas ordinaire est de 65 centimètres, mesurés d'un talon à l'autre; sa vitesse est de 76 par minute.

15. Pour expliquer les principes et le mécanisme du pas, l'instructeur se place à 8 ou 10 pas en avant, faisant face au cavalier; lui-même exécute lentement le pas.

Il commande :

1. *Cavalier en avant.*
2. MARCHE.

Au commandement *Cavalier en avant*, porter le poids du corps sur la jambe droite.

Au commandement MARCHE, porter vivement et sans secousse le pied gauche en avant, à 2/3 de mètre du droit, le jarret tendu, la pointe du pied un peu baissée et légèrement tournée en dehors ainsi que le genou, le haut du corps en avant ; marquer dans cette position un léger temps d'arrêt ;

Poser, sans frapper, le pied gauche à plat, précisément à la distance où il se trouve du pied droit, tout le poids du corps se portant sur le pied qui pose à terre ;

Passer vivement et sans secousse la jambe droite en avant, le pied près de terre : le poser à la même distance et de la même manière qu'il vient d'être expliqué pour le pied gauche, et continuer de marcher sans que les jambes se croisent, sans que les épaules tournent, et la tête toujours directe.

16. *Le poids du corps sur la jambe droite :* pour disposer l'homme à former plus vivement son premier pas.

La pointe du pied un peu baissée : parce que la pointe du pied baissée fait tendre le jarret et dispose le pied à poser à plat.

La pointe du pied légèrement tournée en dehors : parce que, si l'on tournait les pieds trop en dehors, le corps serait sujet à chanceler, et qu'on risquerait de s'accrocher avec les éperons.

Le haut du corps en avant : afin que le poids du corps porte sur le pied qui pose à terre, que le pied qui est en arrière puisse se lever aisément, et que le pas ne soit pas raccourci.

Le jarret tendu : parce qu'une troupe ne pouvant, sans se gêner et se désunir, marcher comme si chaque homme était isolé, il est nécessaire que les cavaliers de recrue apprennent à marcher un pas marqué et cadence, sans quoi il n'y aurait pas d'ensemble.

Poser le pied à plat, sans frapper : pour éviter le balancement du corps et le raccourcissement du pas, qui auraient lieu si le talon posait à terre le premier, ou si l'on frappait en posant le pied.

Le pied près de terre : parce que, si les cavaliers levaient trop la jambe, ils perdraient du temps, se fatigueraient inutilement, et les pieds ne poseraient pas à terre en même temps.

La tête directe : parce que cette position de la tête empêche les épaules de tourner, et fait que le cavalier marche carrément.

17. Pour arrêter, l'instructeur commande :

1. *Cavalier.*
2. HALTE.

Au commandement HALTE, rapporter le pied qui est en arrière à côté de l'autre, sans frapper.

L'instructeur fait le commandement HALTE à l'instant où l'un ou l'autre pied va poser à terre.

18. L'instructeur marque de temps en temps la cadence du pas par le commandement *un*, à l'instant où le cavalier lève le pied, et par celui *deux*, à l'instant où il doit le poser, en observant de régler cette cadence à raison de 76 par minute.

Pour juger si tous les principes sont exactement suivis, il se place souvent à 10 ou 12 pas en avant, faisant face au cavalier. Quand celui-ci commence à bien soutenir le pas, on le fait marcher quelque temps sans l'arrêter, pour le confirmer dans ces principes.

Marquer le pas.

19. Le cavalier étant en marche, l'instructeur commande.

1. *Marquez le pas.*
2. MARCHE.

Au commandement MARCHE, rapporter les talons l'un à côté de l'autre, et marquer la cadence du pas en levant alternativement l'un et l'autre pied sans avancer.

L'instructeur fait le commandement MARCHE à l'instant où le pied va poser à terre.

20. Pour reporter le cavalier en avant, l'instructeur commande :

1. *Cavalier en avant.*
2. MARCHE.

Au commandement MARCHE, le cavalier reprend le pas de 2/3 de mètre.

L'instructeur fait le commandement MARCHE à l'instant où le pied va poser à terre.

Changer le pas.

21. Le cavalier étant en marche, l'instructeur commande :

1. *Changez le pas.*
2. MARCHE.

Au commandement MARCHE, rapporter à côté du pied qui est en avant celui qui est en arrière, et repartir du pied qui était en avant.

L'instructeur fait le commandement MARCHE à l'instant où le pied va poser à terre.

Par ce moyen, on apprend au cavalier à reprendre le pas lorsqu'il l'a perdu.

A droite ou à gauche en marchant.

22. Le cavalier étant en marche, l'instructeur commande :

1. *Cavalier à droite* (ou *à gauche*).

2. MARCHE.

Au commandement MARCHE, tourner le corps à droite et partir du pied droit dans la nouvelle direction, sans perdre la cadence du pas.

L'instructeur fait le commandement MARCHE à l'instant où le pied gauche va poser à terre.

Quand c'est *à gauche*, le commandement MARCHE se fait au moment où le pied droit arrive à terre. Par ce moyen, le cavalier entame toujours la nouvelle direction avec la jambe du côté vers lequel il tourne.

Quart d'à-droite ou quart d'à-gauche en marchant.

23. Le cavalier étant en marche, l'instructeur commande :

1. *Cavalier oblique à droite* (ou *à gauche*).
2. MARCHE.

Au commandement MARCHE, le cavalier exécute un *quart d'à-droite* (ou d'*à-gauche*) et se porte droit devant lui.

24. Pour faire reprendre la direction primitive, l'instructeur commande :

En = AVANT.

A la dernière partie du commandement, qui est AVANT, le cavalier exécute un *quart d'à-gauche* s'il a fait oblique à droite, et un *quart d'à-droite* s'il a fait oblique à gauche, et il se porte droit devant lui.

Le quart d'à-droite ou le quart d'à-gauche se commande et s'exécute suivant les principes prescrits pour l'*à-droite* ou l'*à-gauche* en marchant.

Pas accéléré.

25. La longueur du pas accéléré est la même que celle du pas ordinaire, et sa vitesse est de 100 par minute.

26. Le cavalier étant de pied ferme, l'instructeur commande :

1. *Cavalier en avant.*
2. *Pas accéléré.*
3. MARCHE.

Au commandement MARCHE, partir vivement du pied gauche et prendre le pas de 100 par minute.

27. L'impulsion du pas accéléré disposant l'homme de recrue à ployer les jarrets et à raccourcir le pas, l'instructeur doit en régler la cadence et la mesure, et habituer le cavalier à conserver le corps d'aplomb.

28. Le cavalier est exercé, en marchant au pas accéléré, à arrêter, à marquer le pas, à se porter en avant, à changer le pas, à faire des à-droite, des à-gauche, des quarts d'à-droite, des quarts d'à-gauche, et à se reporter en avant, aux commandements et suivant les principes prescrits pour *arrêter* (nº 17), pour *marquer le pas,* pour *changer le pas,* pour l'*à-droite* ou l'*à-gauche en marchant,* pour le *quart d'à-droite* ou le *quart d'à-gauche en marchant.*

29. Le cavalier marchant au pas accéléré, pour le faire passer au pas ordinaire, l'instructeur commande :

1. *Pas ordinaire.*
2. MARCHE.

Au commandement MARCHE, le cavalier prend le pas ordinaire.

30. Pour faire reprendre le pas accéléré, l'instructeur commande :

1. *Pas accéléré.*
2. MARCHE.

Au commandement MARCHE, le cavalier reprend le pas accéléré.

31. Dans tous les changements de pas, l'instructeur commande MARCHE, au moment où le pied va poser à terre, afin que le cavalier ait le temps de prendre de l'autre jambe le pas commandé.

Pas en arrière.

32. Le pas en arrière est de 33 centimètres, mesurés d'un talon à l'autre.

33. Le cavalier étant de pied ferme, l'instructeur commande :

1. *Cavalier en arrière.*
2. MARCHE.

Au commandement MARCHE, porter le pied gauche en arrière, à 33 centimètres ; retirer et porter le pied droit également en arrière, et ainsi successivement jusqu'au commandement :

1. *Cavalier.*
2. HALTE.

Au commandement HALTE, rapporter le pied qui est en avant à côté de l'autre, sans frapper.

L'instructeur ne fait marcher en arrière que quelques pas seulement; il veille à ce que le cavalier se porte bien droit en arrière, ne creuse pas les reins en renversant les épaules, et conserve toujours l'aplomb et la position du corps.

DEUXIÈME LEÇON.

Ire PARTIE.	IIe PARTIE.
Travail de pied ferme au port d'armes, et marche au port d'armes.	Maniement des armes.

PREMIÈRE PARTIE.

34. Cette leçon est donnée, autant que possible, homme par homme, ou au plus à quatre cavaliers à la fois. Dans ce dernier cas, ils sont placés sur un rang à un mètre l'un de l'autre.

35. Le cavalier, armé de son sabre, est en veste d'écurie et bonnet de police.

Travail de pied ferme au port d'armes et marche au port d'armes.

38. Les carabiniers et les cuirassiers reçoivent les principes détaillés à la 1re partie de la 3e leçon pour : ***mettre le sabre à la main***, ***remettre le sabre***, ***présenter le sabre***, ***mettre le genou à terre*** et l'***inspection du sabre;*** ensuite, ils sont exercés ayant le sabre à l'épaule, à tous les mouvements de la 1re leçon. L'instructeur veille à ce que le port du sabre soit régulier.

DEUXIÈME PARTIE.

Maniement des armes.

39. Les carabiniers et les cuirassiers continuent d'être exercés au maniement du sabre.

TROISIÈME LEÇON.

Ire PARTIE.	IIe PARTIE.
Maniement des armes, les cavaliers ayant le sabre. Inspection des armes.	Marche aux différents pas, avec les armes.

PREMIÈRE PARTIE.

96. On réunit, pour cette leçon, de quatre à huit cavaliers. Ils sont en veste d'écurie et casque; ils ont le sabre, et sont placés sur un rang à un mètre l'un de l'autre.

97. Maniement des armes, les cavaliers ayant le sabre.

Les cavaliers ayant le sabre au crochet, la monture en arrière, on leur apprend à mettre le sabre à la main, à présenter le sabre et à le remettre.

L'instructeur commande :

SABRE = (*à la*) MAIN.
2 *temps.*

98. 1. A la première partie du commandement, qui est SABRE, incliner légèrement la tête à gauche, sans déranger la position ;

Décrocher le sabre et ramener la monture en avant avec la main gauche ;

Engager le poignet droit dans la dragonne ;

Saisir le sabre à la poignée, dégager la lame du fourreau de 16 centimètres, en maintenant le fourreau contre la cuisse avec la main gauche, qui le tient au premier anneau, et replacer la tête directe.

2. A la dernière partie du commandement, qui est MAIN, tirer vivement le sabre, en élevant le bras de toute sa longueur; marquer un temps d'arrêt, le porter à l'épaule droite, le dos de la lame au défaut de l'épaule, le poignet appuyé à la hanche, le petit doigt en dehors de la poignée.

Cette position est la même à cheval, excepté qu'à cheval le poignet se trouve naturellement reposé sur le haut de la cuisse.

Présentez = (*le*) SABRE.
1 *temps*.

99. A la dernière partie du commandement, qui est SABRE, porter le sabre en avant, le bras demi-tendu, le pouce vis-à-vis et à 16 centimètres du col, la lame perpendiculaire, le tranchant à gauche, le pouce allongé sur le côté droit de la poignée, le petit doigt se réunissant aux trois autres.

Portez = (*le*) SABRE.
1 *temps*.

100. A la dernière partie du commandement, qui est SABRE, reporter le sabre, le dos de la lame au défaut de l'épaule, le poignet appuyé à la hanche, le petit doigt en dehors de la poignée.

REMETTEZ = (*le*) SABRE.
2 *temps*.

101. 1. A la première partie du commande-

ment, qui est REMETTEZ, exécuter le mouvement de *Présentez le sabre.*

2. A la dernière partie du commandement, qui est SABRE, porter le poignet vis-à-vis et à 16 centimètres de l'épaule gauche ; baisser la lame et la passer en croix le long du bras gauche, la pointe en arrière ; incliner légèrement la tête à gauche en fixant l'œil sur l'ouverture du fourreau, y remettre la lame; dégager le poignet de la dragonne, replacer la tête directe, la main droite sur le côté, et remettre le sabre au crochet, la monture en arrière.

102. Le cavalier étant à la position de *Présentez le sabre*, l'instructeur commande :

Genou = (*à*) TERRE.
1 *temps*.

A la dernière partie du commandement, qui est TERRE, porter le pied droit en arrière, en tournant un peu la pointe du pied gauche en dedans ; mettre le genou à terre à 16 centimètres en arrière et à droite du talon gauche ; baisser la pointe du sabre jusqu'à terre, le bras demi-tendu, le poignet en quarte, placer la main gauche à la coiffure, le dessus de la main contre la visière, les doigts étendus et joints, le coude élevé.

PORTEZ = (*le*) SABRE.
2 *temps*.

103. 1. A la première partie du commandement, qui est PORTEZ, se relever, rapporter le pied droit à côté du gauche et reprendre la position de *Présentez le sabre*.

2. A la dernière partie du commandement, qui est SABRE, porter le sabre à l'épaule.

Inspection des armes.

L'instructeur commande :

Inspection = (*du*) SABRE.
1 *temps*, 7 *mouvements*.

105. 1. A la dernière partie du commandement, qui est SABRE, exécuter le premier temps de *Sabre à la main*.

2. Exécuter le 2e temps de *Sabre à la main*.

3. Présenter le sabre.

4. Tourner le poignet en dedans pour montrer l'autre côté de la lame.

5. Porter le sabre à l'épaule.

6. Exécuter le premier temps de *Remettez le sabre*.

7. Exécuter le deuxième temps de *Remettez le sabre*.

DEUXIÈME PARTIE.

Marche aux différents pas, avec les armes.

111. Les cavaliers, ayant le sabre à l'épaule, sont exercés aux différents pas et aux mouvements détaillés dans la 2e partie de la 1re leçon.

QUATRIÈME LEÇON.

Ire PARTIE.	IIe PARTIE.
Exercice du sabre.	Tir à la cible.

PREMIÈRE PARTIE.

115. On réunit, pour cette leçon, de huit à douze cavaliers armés de leurs sabres; ils sont placés sur un rang à 3 mètres l'un de l'autre. Ils sont en veste d'écurie et casque. Lorsqu'ils commencent à exécuter régulièrement tous les mouvements de l'exercice du sabre, les carabiniers et les cuirassiers sont exercés ayant leurs cuirasses.

116. Dans les commencements de ce travail, l'instructeur doit éviter de tenir les cavaliers longtemps sur chaque mouvement. S'il a des fautes à corriger, il commande : *En place* = REPOS, fait recommencer le mouvement à ceux qui l'ont mal exécuté, et ne fait reprendre la position à tous les autres que lorsque les moins intelligents ont compris.

Le moulinet ayant pour objet d'assouplir les articulations du bras et du poignet, et contribuant à donner de l'assurance aux hommes en ce qu'il leur fait acquérir plus de dextérité, il faut que les cavaliers soient d'abord exercés au moulinet, comme préparation aux autres mouvements.

On commence donc et on finit chaque leçon par des moulinets exécutés à un degré de vitesse proportionné aux progrès des cavaliers.

L'instructeur veille à ce que les cavaliers n'emploient pas dans l'exercice du sabre une force qui non-seulement y est moins nécessaire que la dextérité et la souplesse, mais y serait même préjudiciable.

Il veille encore à ce qu'ils ne se penchent pas de manière à perdre l'assiette quand ils seront à cheval; il s'attache surtout, dans les mouvements du sabre en arrière, à ce qu'on ne laisse pas tomber la lame trop près du corps, afin de ne pas blesser le cheval.

Le sabre, en décrivant un cercle, doit présenter le plat de côté et le tranchant en avant, et être dirigé de manière qu'il ne puisse atteindre, ni la tête du cheval, ni ses hanches, ni les genoux du cavalier.

Quand les cavaliers exécutent régulièrement tous les mouvements, l'instructeur fait porter chaque coup de sabre sans le décomposer, la dernière syllabe du commandement en détermine la vive exécution. Tous les coups de sabre se terminent alors par un demi-moulinet qui ramène à la position EN GARDE.

Les coups de pointe doivent toujours être employés de préférence, comme exigeant moins de force et ayant un résultat plus prompt, plus certain et plus décisif. Le cavalier doit les diriger vivement et à fond au corps de l'adversaire, en tenant la poignée du sabre à pleine main, le pouce appuyé contre la garde, dans la direction de la lame.

Les parades contre la lance sont les mêmes que contre la pointe.

117. L'instructeur explique aux cavaliers ce qu'on entend par *côté droit* et *côté gauche de la poignée;* par *tierce* et par *quarte.*

Le *côté droit,* est la partie de la poignée opposée à la garde.

Le *côté gauche,* est la partie de la poignée du côté de la garde.

Tierce, est la position dans laquelle le tranchant de la lame est tourné à droite (ou en dehors), les ongles en dessous.

Quarte, est la position dans laquelle le tranchant de la lame est tourné à gauche (ou en dedans), les ongles en dessus.

Pour les *repos,* l'instructeur se conforme à ce qui est prescrit dans la première leçon. Dans ce cas, il fait remettre le sabre.

Exercice du sabre.

118. Les cavaliers placés sur un rang, à 3 mètres l'un de l'autre, l'instructeur fait mettre le sabre à la main.

119. Il commande :

EN GARDE.

1 *temps.*

Au commandement EN GARDE, porter le pied droit à 2/3 de mètre du pied gauche, les talons sur la même ligne;

Placer la main gauche fermée à 16 centimètres du corps et à hauteur du coude, les doigts en face du corps, le petit doigt plus près que le haut du poignet (***position de la main de la bride***) ;

Porter en même temps le poignet droit en tierce, à hauteur et à 8 centimètres du poignet gauche, le pouce allongé sur le dos de la poignée, le petit doigt réuni aux trois autres, la pointe du sabre inclinée à gauche, et plus élevée que le poignet de 2/3 de mètre.

A gauche = MOULINET.

1 *temps,* 2 *mouvements.*

120. 1. A la dernière partie du commandement, qui est MOULINET, étendre le bras droit en avant de toute sa longueur, le poignet en tierce et à hauteur des yeux.

2. Baisser la lame en arrière du coude gauche ; raser vivement l'encolure du cheval, en décrivant un cercle d'arrière en avant, et se remettre en garde.

A droite = MOULINET.
1 temps, 2 mouvements.

121. 1. A la dernière partie du commandement, qui est MOULINET, étendre le bras droit en avant de toute sa longueur, le poignet en quarte et à hauteur des yeux.

2. Baisser la lame en arrière du coude droit; raser vivement l'encolure du cheval, en décrivant un cercle d'arrière en avant, et se remettre en garde.

122. Pour exécuter le moulinet sans s'arrêter, si l'on veut le commencer à gauche, on commande :

A gauche et à droite = MOULINET.
1 temps, 2 mouvements.

123. Si l'on veut le commencer à droite, on commande :

A droite et à gauche = MOULINET.
1 temps, 2 mouvements.

A l'un ou à l'autre de ces commandements, les cavaliers, partant de la position EN GARDE, exécutent alternativement, et sans s'arrêter sur aucun mouvement, le moulinet à gauche et le moulinet à droite.

En arrière = MOULINET.
1 temps, 2 mouvements.

124. 1. A la dernière partie du commandement, qui est MOULINET, élever le bras en arrière à droite de toute sa longueur, la pointe du sabre en l'air, le tranchant à droite, le pouce allongé sur le dos de la poignée, le corps légèrement tourné à droite.

2. Décrire un cercle en arrière de gauche à droite, le poignet éloigné du corps le plus possible, et se remettre en garde.

Les cavaliers exécutant bien les moulinets, l'instructeur leur en fait faire plusieurs de suite, jusqu'au commandement EN GARDE.

En tierce = POINTEZ.

1 *temps*, 3 *mouvements*.

125. 1. A la dernière partie du commandement, qui est POINTEZ, élever et soutenir le poignet en tierce, à hauteur des yeux, effacer l'épaule droite en retirant le coude en arrière, la pointe du sabre en avant, le tranchant en l'air.

2. Porter le coup en avant, en allongeant le bras de toute sa longueur.

3. Se remettre en garde.

En quarte = POINTEZ.

1 *temps*, 3 *mouvements*.

126. 1. A la dernière partie du commandement, qui est POINTEZ, baisser le poignet en quarte près de la hanche droite, le pouce allongé sur le côté droit de la poignée, la pointe un peu plus élevée que le poignet.

2. Porter le coup en avant, en allongeant le bras de toute sa longueur.

3. Se remettre en garde.

A gauche = POINTEZ.

1 *temps*, 3 *mouvements*.

127. 1. A la dernière partie du commandement, qui est POINTEZ, tourner la tête à gauche.

retirer le poignet en tierce vers la droite et à hauteur du col, le tranchant en l'air, la pointe dirigée à gauche.

2. Porter le coup à gauche, en allongeant le bras de toute sa longueur.

3. Se remettre en garde.

A droite = POINTEZ.
1 temps, 3 mouvements.

128. 1. A la dernière partie du commandement, qui est POINTEZ, tourner la tête à droite, porter le poignet en quarte, près du teton gauche, le tranchant en l'air, la pointe dirigée à droite.

2. Porter le coup à droite, en allongeant le bras de toute sa longueur.

3. Se remettre en garde.

En arrière = POINTEZ.
1 temps, 3 mouvements.

129. 1. A la dernière partie du commandement, qui est POINTEZ, tourner la tête en arrière à droite, ramener le poignet en quarte vis-à-vis de l'épaule droite, le bras demi-tendu, la lame horizontale, la pointe en arrière, le tranchant en dessus.

2. Porter le coup en arrière, en allongeant le bras de toute sa longueur.

3. Se remettre en garde.

Contre infanterie à gauche = POINTEZ.
1 temps, 3 mouvements.

130. 1. A la dernière partie du commandement, qui est POINTEZ, tourner la tête à gauche,

élever le poignet en tierce près du col, la pointe du sabre dirigée à hauteur de la poitrine d'un homme à pied.

2. Plonger le coup de pointe en tierce.

3. Se remettre en garde.

Contre infanterie à droite = POINTEZ.
1 *temps*, 3 *mouvements*.

131. 1. A la dernière partie du commandement, qui est POINTEZ, tourner la tête à droite, porter le poignet en quarte près de la hanche droite, la pointe du sabre dirigée à hauteur de la poitrine d'un homme à pied.

2. Porter le coup de pointe en quarte.

3. Se remettre en garde.

En avant = SABREZ.
1 *temps*, 3 *mouvements*.

132. 1. A la dernière partie du commandement, qui est SABREZ, élever le sabre, le bras demi-tendu, le poignet un peu au-dessus de la tête, le tranchant en l'air, la pointe en arrière et plus élevée que le poignet.

2. Porter un coup de sabre, en allongeant le bras de toute sa longueur.

3. Se remettre en garde.

A gauche = SABREZ.
1 *temps*, 3 *mouvements*.

133. 1. A la dernière partie du commandement, qui est SABREZ, tourner la tête à gauche, élever le sabre, le bras tendu à droite, le poignet en quarte et à hauteur de la tête, la pointe plus élevée que le poignet.

2. Porter un coup de sabre diagonalement à gauche.

3. Se remettre en garde.

A droite = SABREZ.
1 temps, 3 mouvements.

134. 1. A la dernière partie du commandement, qui est SABREZ, tourner la tête à droite, porter le poignet vis-à-vis de l'épaule gauche, la pointe du sabre en l'air, le tranchant à gauche.

2. Déployer vivement le bras de toute sa longueur, porter le coup de revers horizontalement.

3. Se remettre en garde.

Les coups de sabre *en avant, à gauche* et *à droite* s'emploient également contre l'infanterie, en observant de les diriger verticalement.

En arrière = SABREZ.
1 temps, 3 mouvements.

135. 1. A la dernière partie du commandement, qui est SABREZ, tourner la tête à droite en effaçant l'épaule droite ; porter le poignet à hauteur et vis-à-vis de l'épaule gauche, le sabre perpendiculaire, le tranchant à gauche.

2. Déployer vivement le bras de toute sa longueur, et porter le coup de revers horizontalement en arrière.

3. Se remettre en garde.

A droite, en tierce et en quarte = SABREZ.
1 temps, 4 mouvements.

136. 1. A la dernière partie du commande-

ment, qui est SABREZ, exécuter le premier mouvement d'*A droite sabrez.*

2. Exécuter le deuxième mouvement d'*A droite sabrez.*

3. Tourner le poignet en quarte, et porter un coup de sabre horizontalement.

4. Se remettre en garde.

A gauche, en quarte et en tierce = SABREZ.
1 temps, 4 mouvements.

137. 1. A la dernière partie du commandement, qui est SABREZ, exécuter le premier mouvement d'*A gauche sabrez.*

2. Exécuter le deuxième mouvement d'*A gauche sabrez.*

3. Tourner le poignet en tierce, et porter un coup de sabre horizontalement.

4. Se remettre en garde.

En arrière en tierce et en quarte = SABREZ.
1 temps, 4 mouvements.

138. 1. A la dernière partie du commandement, qui est SABREZ, exécuter le premier mouvement d'*En arrière sabrez.*

2. Exécuter le deuxième mouvement d'*En arrière sabrez.*

3. Tourner le poignet en quarte, et porter un coup de sabre horizontalement.

4. Se remettre en garde.

En tierce = PAREZ.
1 temps, 2 mouvements.

139. 1. A la dernière partie du commande-

ment, qui est PAREZ, porter vivement le poignet un peu en avant et à droite, les ongles en dessous, sans faire bouger le coude ; la pointe inclinée en avant, à hauteur des yeux, et dans la direction de l'épaule droite ; le pouce allongé sur le dos de la poignée et appuyé contre la garde.

2. Se remettre en garde.

En quarte = PAREZ.
1 temps, 2 mouvements.

140. 1. A la dernière partie du commandement, qui est PAREZ, tourner le poignet et le porter vivement en avant et à gauche, les ongles en dessus, le tranchant à gauche, la pointe inclinée en avant à hauteur des yeux, et dans la direction de l'épaule gauche; le pouce allongé sur le dos de la poignée et appuyé contre la garde.

2. Se remettre en garde.

Pour la tête = PAREZ.
1 temps, 2 mouvements.

141. 1. A la dernière partie du commandement, qui est PAREZ, élever vivement le sabre au-dessus de la tête, le bras presque étendu ; le tranchant de la lame en dessus, la pointe à gauche et plus élevée que le poignet d'environ 16 centimètres.

Le cavalier porte le poignet plus ou moins à droite, à gauche, ou en arrière, suivant la position de l'adversaire.

2. Se remettre en garde.

Contre infanterie à droite = PAREZ.
1 temps, 3 mouvements.

142. 1. A la dernière partie du commande-

ment, qui est PAREZ, tourner la tête à droite en effaçant l'épaule droite; élever le sabre, le bras tendu vers la droite et en arrière; la pointe en l'air, le poignet en tierce, le pouce allongé sur le dos le la poignée, le tranchant à gauche.

2. Décrire vivement un cercle à droite, d'arrière en avant, le bras tendu; écarter la baïonnette avec le dos de la lame, en ramenant le poignet jusqu'à hauteur de la tête, la pointe en l'air.

3. Se remettre en garde.

Contre infanterie à gauche = PAREZ.

1 *temps*, 3 *mouvements*.

143. 1. A la dernière partie du commandement, qui est PAREZ, tourner la tête à gauche, élever le sabre, le bras tendu vers la droite et en avant, la pointe en l'air, le poignet en tierce, le pouce allongé sur le dos de la poignée, le dos de la lame en avant.

2. Décrire vivement un cercle à gauche, le long de l'encolure du cheval, d'avant en arrière, le bras tendu; écarter la baïonnette avec le dos de la lame, en ramenant le poignet, toujours en tierce, jusqu'au-dessus de l'épaule gauche.

3. Se remettre en garde.

Lorsque les cavaliers commencent à exécuter correctement les coups de pointe, les coups de sabre et les parades ci-dessus détaillés, l'instructeur leur en fait faire l'application par les mouvements composés, ainsi qu'il suit :

144. *En tierce* = POINTEZ ET EN AVANT SABREZ.

145. *En quarte* = POINTEZ ET EN AVANT SABREZ.

146. *A gauche* = POINTEZ ET SABREZ.

147. *A droite* = POINTEZ ET SABREZ.

148. *En arrière* = POINTEZ ET SABREZ.

149. *Contre infanterie à droite* = POINTEZ ET SABREZ.

150. *Contre infanterie à gauche* = POINTEZ ET SABREZ.

Portez = (*le*) SABRE.

151. A la dernière partie du commandement, qui est SABRE, porter le sabre, le dos de la lame au défaut de l'épaule, le poignet appuyé à la hanche, le petit doigt en dehors de la poignée, et rapporter le pied droit à côté du gauche.

DEUXIÈME PARTIE.

Tir à la cible (1).

PRINCIPES GÉNÉRAUX DU TIR.

Les principes généraux du tir se déduisent des positions relatives occupées par trois lignes qui sont : la ligne de tir, la trajectoire et la ligne de mire.

---

(1) Le cavalier de recrue, depuis son arrivée au corps jusqu'à la fin de la 1re partie de la 4e leçon de l'ordonnance du 6 décembre 1829, apprend la nomenclature, le montage, le démontage et l'entretien des armes. L'instruction actuellement prescrite par la 2e partie de la 4e leçon commence avec le 1er article de l'école de peloton à pied et est menée de manière que le tir à la cible à pied soit terminé avec l'école du peloton à pied.

Le jeune soldat ne participe au tir de son escadron qu'après avoir exécuté le tir à la cible sous la direction du capitaine instructeur.

(*Extrait de l'Instruction sur le tir à l'usage des troupes à cheval du 8 avril 1862.*)

La ligne de tir est l'axe du canon, indéfiniment prolongée.

La trajectoire est la ligne courbe que décrit le centre de la balle pendant son trajet dans l'air.

La ligne de mire est une ligne droite, passant par le milieu du fond du cran de la hausse et par le sommet du guidon.

L'angle de mire est l'angle que la ligne de mire forme avec la ligne de tir.

On appelle plan de tir le plan vertical qui contient la ligne de tir au moment du tir.

La trajectoire est tout entière dans ce plan (1). Elle se confond d'abord avec la ligne de tir et s'en écarte ensuite de plus en plus, à mesure que la balle s'éloigne de la bouche du canon.

La trajectoire et la ligne de mire peuvent être considérées comme liées invariablement entre elles lorsque la dernière de ces lignes reste dans le plan de tir.

Puisque la trajectoire est contenue dans le plan de tir, si l'on a soin de placer la ligne de mire dans ce plan et de diriger cette ligne sur la verticale passant par le point que l'on veut atteindre, la balle rencontrera quelque part la verticale en question, si cette ligne n'est pas hors des limites de la portée. Pour que ce point de rencontre soit précisément le but, il ne restera plus qu'à diriger la ligne de mire, ou, ce qui est la même chose, le rayon visuel rasant le fond du cran de la hausse et le sommet du guidon, sur un point de la verticale tel que la trajectoire rencontre le but.

Le point dont il s'agit sera déterminé lorsqu'on connaîtra de combien la trajectoire s'élève au-dessus ou s'abaisse au-dessous de la ligne de mire, à la distance qui sépare le but de la bouche du canon. Le point sera élevé ou abaissé, par rapport au but, de la quantité dont la tra-

---

(1) Cette définition de la trajectoire est simple et rend assez bien compte des règles de tir; mais elle n'est pas rigoureusement exacte, la trajectoire n'est pas tout entière dans le plan du tir.

jectoire sera abaissée, ou élevée, par rapport à la ligne de mire.

Si, par exemple, on sait que la trajectoire, à une certaine distance, s'abaisse d'un mètre au-dessous de la ligne de mire, il faudra, pour atteindre un point situé à cette distance, diriger la ligne de mire ou viser au-dessus de ce point. Car, si on dirigeait la ligne de mire sur ce point même, la balle ou la trajectoire passerait à un mètre au-dessous : mais si on élève la ligne de mire et si on la dirige à un mètre au-dessus du but, la trajectoire suivra les mouvement de la ligne de mire, conservera, par rapport à celle-ci, sa première position et passera par conséquent à un mètre au-dessous du point visé, c'est-à-dire par le point qu'il faut atteindre.

Le tir d'une arme peut donc être réglé à l'aide de la ligne de mire, quand on connaît la position des différents points de la trajectoire relativement à cette ligne droite, et qu'on a soin de placer dans le plan de tir les deux points qui déterminent la ligne de mire.

Si l'on examine la trajectoire et la ligne de mire dans la position qu'elles occupent généralement l'une par rapport à l'autre, on reconnaîtra que la ligne de mire coupe la trajectoire en deux points : le premier, très-rapproché de la bouche du canon, le second plus éloigné.

Le second point d'intersection de la trajectoire et de la ligne de mire se nomme but en blanc.

La distance mesurée sur la ligne de mire, de la bouche du canon au but en blanc, se nomme portée du but en blanc.

On remarque qu'au delà du but en blanc, la trajectoire s'abaisse au-dessous de la ligne de mire, et de plus en plus à mesure que la balle s'éloigne du canon.

Qu'en deçà du but en blanc (entre les deux points d'intersection de la ligne de mire et de la trajectoire), la balle s'élève au-dessus de la ligne de mire dans une proportion plus ou moins considérable, suivant la position que l'on considère.

Puisque, à une distance égale à la portée du but en blanc, la trajectoire rencontre la ligne de mire, il suffira, pour atteindre un point situé à cette distance, de diriger la ligne de mire sur ce point.

Puisqu'au delà du but en blanc la trajectoire s'abaisse au-dessous de la ligne de mire, il faudra, pour atteindre un point situé à une distance plus grande que la portée du but en blanc, diriger la ligne de mire au-dessus de ce point, car, si on la dirigeait sur ce point, la trajectoire passerait au-dessous. Pour déterminer l'élévation du point que l'on devra viser, afin de toucher le but, il suffira de connaître l'abaissement de la trajectoire au-dessous de la ligne de mire, à la distance où se trouve placé le point que l'on veut atteindre.

Cet abaissement est égal à l'élévation du point que l'on doit viser au-dessus du but. C'est ce que l'on voit clairement lorsqu'on se souvient que la trajectoire est liée à la ligne de mire.

On verra de même que, pour atteindre un but situé entre les deux intersections de la ligne de mire et de la trajectoire, il faut viser au-dessous de ce but un point verticalement éloigné du premier, d'une longueur égale à celle qui sépare la trajectoire de la ligne de mire, à la distance où se trouve placé le point que l'on veut atteindre.

Telles sont les règles générales du tir, que l'on résume de la manière suivante :

Lorsque le but est situé à l'un des deux points d'intersection de la trajectoire et de la ligne de mire, il faut viser le but;

Lorsque le but est situé entre les deux points d'intersection, il faut viser au-dessous du but,

Lorsque le but est situé au delà du but en blanc, il faut viser au-dessus du but, et d'autant plus au-dessus qu'il en est plus éloigné.

RÈGLES DE TIR DU PISTOLET RAYÉ.

Les règles du tir du pistolet rayé se bornent au pointage de but en blanc, et peuvent être appliquées avec un degré suffisant de justesse jusqu'à 50 mètres; mais la pratique permet de réduire cette distance à 25 mètres.

Les règles du tir à la cible sont les mêmes que celles du tir de guerre.

Le but à atteindre se compose d'une cible simple, dont la hauteur est de 2 mètres et la largeur de 50 centimètres.

On place au centre du but un cercle noir dont le rayon est de dix centimètres.

PRATIQUE DU TIR A PIED.

EXERCICES PRÉPARATOIRES DU TIR.

ARTICLE 1er.

POINTAGE.

L'instruction du pointage se donne d'abord dans les chambres.

L'instructeur réunit 12 hommes. Il place un pistolet sur le chevalet de pointage (1) et dirige la ligne de mire sur un point des murs ou des fenêtres marqué par un pain à cacheter ou de toute autre manière.

Il a soin de placer le guidon et la hausse de telle sorte que ces parties de l'arme ne penchent ni à droite ni à gauche.

L'instructeur commence les premières séances du pointage par l'explication des principes généraux du tir indispensables à l'instruction de pointage.

Il montre aux hommes les deux points qui déterminent

---

(1) Dans les chambres, on peut employer, au lieu de chevalet de pointage, une musette remplie d'avoine. Cette musette est placée sur un banc, le banc sur une table. On fait, en frappant avec le revers de la main sur la musette, qui ne doit pas être remplie entièrement, un logement pour le fût de l'arme. On place l'arme en équilibre sur le sac, et l'on peut alors la diriger facilement à droite ou à gauche, en haut ou en bas, dans des limites assez étendues, en faisant mouvoir la crosse avec la main droite et en avançant ou faisant rétrograder le fût dans son logement.

la ligne de mire ; c'est-à-dire la moitié du guidon et le milieu du fond du cran de la hausse. Il leur explique que, pour viser, il suffit de mettre ces deux points et celui que l'on doit viser sur un même rayon visuel ; que, par conséquent, il ne faut pas regarder ces trois points avec les deux yeux, mais avec un seul, l'œil droit, en fermant l'œil gauche.

L'instructeur prescrit ensuite aux hommes de regarder l'un après l'autre, en fermant l'œil gauche et en se plaçant en arrière de la crosse sans la toucher, le milieu du fond du cran, le sommet du guidon et le milieu du pain à cacheter sur lequel la ligne de mire a été préalablement dirigée, et de s'assurer par eux-mêmes que ces trois points sont bien sur le même rayon visuel.

L'instructeur, après avoir dérangé le pistolet, prescrit successivement à chaque soldat de viser le point désigné. Il vérifie le pointage, indique à chaque homme, s'il y a lieu, les erreurs qu'il a commises, en lui faisant voir que la ligne de mire n'est pas dirigée convenablement, et qu'elle passe au-dessus ou au-dessous, à droite ou à gauche du point qu'il fallait viser. Après avoir rectifié le pointage exécuté par chaque soldat, l'instructeur a soin de déranger le pistolet.

Les hommes pointent en se plaçant en arrière de la crosse, en faisant mouvoir l'arme avec la main droite.

L'instructeur répète ensuite le même exercice ; mais, au lieu de rectifier d'abord par ses propres yeux le pointage exécuté à tour de rôle par chaque soldat, il le fait vérifier successivement par tous les autres, en demandant à chacun de ces derniers si la ligne de mire passe à droite ou à gauche, au-dessus ou au-dessous du point désigné. Lorsque tous les hommes ont exprimé leur opinion, l'instructeur donne la sienne et corrige ainsi toutes les erreurs qui auraient pu être commises.

ART. 2.

POSITION DU TIREUR A PIED (1).

Lorsque les hommes connaissent suffisamment le poin-

(1) L'ordonnance du 6 décembre 1829 ne prescrivant le

tage, on leur enseigne à charger le pistolet, à prendre la position du tireur à pied et à faire feu du pistolet.

Charger le pistolet.

Les cavaliers étant placés sur un rang à un pas d'intervalle, le pistolet dans la main droite, l'instructeur commande :

Haut = (*le*) PISTOLET.
1 *temps.*

A la dernière partie du commandement, qui est PISTOLET, élever le pistolet, la sous-garde en avant; le poignet à hauteur et à 16 centimètres de l'épaule, le premier doigt allongé sous la sous-garde.

L'instructeur commande :

Charge en 10 temps.

1. *Chargez* = (*le*) PISTOLET.
1 *temps.*

1. A la dernière partie du commandement, qui est PISTOLET, placer le pistolet dans la main gauche, qui le saisit au-dessus et contre la cheminée, le pouce sur le canon, le bout un peu élevé et dirigé à gauche, le pouce de la main droite en travers de la crête du chien, le premier doigt en avant de la détente, les autres derrière la sous-

---

tir du pistolet qu'*à cheval, la charge du pistolet* est seulement détaillée à l'*École du cavalier à cheval*.

Aux termes de l'*Instruction sur le tir à l'usage des troupes à cheval du 8 avril 1862*, cette instruction devant se donner *à pied*, il est indispensable d'enseigner à l'homme de recrue *la charge du pistolet* avant de lui donner le détail de la *position du tireur à pied*.

garde, le coude légèrement levé; mettre le chien au cran du repos, et porter la main droite à la poche aux capsules.

2. *Prenez (la)* CAPSULE.
1 *temps*.

A la dernière partie du commandement, qui est CAPSULE, saisir la capsule avec le pouce et le premier doigt, les autres presque fermés, la porter près de la cheminée, les ongles en dessous.

3. AMORCEZ.
1 *temps*, 2 *mouvements*.

1. Au commandement AMORCEZ, baisser la tête, porter les yeux sur la cheminée, y placer la capsule, l'enfoncer avec le pouce, les autres doigts fermés; placer le pouce en travers de la crête du chien, le premier doigt en avant de la détente, les autres derrière la sous-garde.

2. Tirer le chien un peu en arrière pour le dégager du cran du repos; appuyer le premier doigt sur la détente en soutenant le chien avec le pouce, le conduire à l'abattu; placer le pouce en arrière de la crête du chien; appuyer fortement pour enfoncer complétement la capsule (à poudre, mettre le chien au cran de sûreté, en faisant sonner distinctement le cran de la noix); saisir de suite l'arme à la poignée, le pouce en dehors, le poignet joint au corps, le coude en arrière et un peu détaché du corps.

4. *Pistolet (à)* GAUCHE.
1 *temps*.

A la dernière partie du commandement, qui est GAUCHE, renverser le poignet gauche, passer la crosse à gauche; la platine en avant, le canon incliné à droite ; le saisir de la main droite à 3 centimètres du bout.

5. *Prenez* = (*la*) CARTOUCHE.
1 *temps*.

A la dernière partie du commandement, qui est CARTOUCHE, porter la main droite à la cartouchière, prendre une cartouche, la tenir entre le pouce et les deux premiers doigts, et porter de suite la cartouche entre les dents.

6. *Déchirez* = (*la*) CARTOUCHE.
1 *temps*.

A la dernière partie du commandement, qui est CARTOUCHE, *tirer avec les dents le papier engagé dans l'étui, le déchirer le plus près possible du carton, en tournant la main qui tient la cartouche; saigner la cartouche de moitié*, la descendre de suite et saisir le bout du canon avec les deux derniers doigts.

7. *Cartouche* = *dans* (*le*) CANON.
1 *temps*.

A la dernière partie du commandement, qui est CANON, porter l'œil sur le bout du canon ; *verser la poudre en ayant soin de secouer légèrement l'étui, retourner la cartouche, engager la balle dans le canon jusqu'à la naissance de l'ogive ; saisir alors l'étui de la main droite, les ongles en dessous, rompre le papier de l'enveloppe d'un seul coup en renversant la main, sans soulever la balle ; enfoncer la balle dans le canon en appuyant avec la paume de la main sur le méplat qui la termine*, et laisser la main renversée les doigts joints et allongés.

8. *Tirez* = (*la*) BAGUETTE.
1 *temps*.

A la dernière partie du commandement, qui est BAGUETTE, tirer la baguette avec le pouce et les deux premiers doigts, le poignet toujours renversé ; la saisir à pleine main, retourner le poignet, et mettre la baguette dans le canon.

9. BOURREZ.
1 *temps*.

Au commandement BOURREZ, *enfoncer la balle jusqu'à ce qu'elle repose sur la charge, et l'assurer dans cette position par un seul coup de baguette*; tirer la baguette, la prendre par le milieu, renverser le poignet, la remettre dans la coulisse et l'enfoncer avec la paume de la main; replacer le poignet gauche en repassant la crosse à droite et saisir le pistolet de la main droite à la poignée.

10. *Haut* = (*le*) PISTOLET.
1 *temps*.

A la dernière partie du commandement, qui est PISTOLET, élever le pistolet avec la main droite en le quittant de la main gauche, la sous-garde en avant, le poignet à hauteur et à 16 centimètres de l'épaule, le premier doigt allongé sous la sous-garde.

Lorsque les cavaliers savent bien exécuter la charge du pistolet en la décomposant, l'instructeur leur fait exécuter *la charge à volonté*; à cet effet, après avoir fait faire *haut le pistolet*, il commande :

Charge à volonté.

Chargez = (*le*) PISTOLET.

A la dernière partie du commandement, qui est

PISTOLET, les cavaliers chargent, sans s'attendre, ni se régler les uns sur les autres, ayant l'attention de revenir, après la charge, à la position de *haut le pistolet.*

L'instructeur donne ensuite lentement le détail de la position du tireur à pied, en exécutant lui-même les mouvements prescrits :

POSITION DU TIREUR A PIED.

1 temps.

Au commandement POSITION DU TIREUR A PIED, porter le pied droit à deux tiers de mètre du pied gauche, les talons sur la même ligne, placer le pistolet dans la main gauche, le bout élevé et dirigé à gauche ; armer et faire haut le pistolet.

POINTEZ.

1 temps.

Au commandement POINTEZ, abaisser le pistolet le bras demi-tendu, poser le premier doigt sur la détente, le bout du canon dirigé au centre du but ; dans cette position, le cavalier doit éviter de serrer les doigts, pour éviter le tremblement de la main.

L'instructeur, après avoir détaillé la position du tireur et celle de POINTEZ, les fait prendre par chaque soldat en commençant par le premier placé à la droite du rang.

Après lui avoir indiqué, s'il y a lieu, en quoi sa position est défectueuse, il la lui fait quitter.

Pour faire prendre ou quitter la position, l'instructeur dit :

1. PRENEZ LA POSITION DU TIREUR A PIED.
2. POINTEZ.
3. QUITTEZ LA POSITION.

Le cavalier est exercé à tirer en avant, à gauche, à droite et en arrière.

Art. 3.

POINTAGE SUR LA POSITION DU TIREUR A PIED.

Lorsque les cavaliers sont suffisamment affermis dans la position du tireur à pied, ils sont exercés à la garder en visant un point que l'instructeur désigne.

L'instructeur leur prescrit de diriger d'abord la ligne de mire au-dessous du point désigné, et d'élever lentement cette ligne jusqu'à ce qu'elle passe par le point qu'il faut viser, de l'arrêter sur ce point en conservant l'immobilité de l'arme et du corps.

Art. 4.

CONSERVATION DE L'IMMOBILITÉ DE L'ARME ENTRE LES MAINS DU TIREUR PENDANT QU'IL AGIT SUR LA DÉTENTE, ET APRÈS QUE LE CHIEN A ÉTÉ ABATTU SUR LE TAMPON.

On maintient facilement la ligne de mire d'une arme dans la direction donnée, tant qu'il s'agit de ne pas appuyer sur la détente pour faire partir le coup; mais, lorsqu'on en vient là, il se présente une difficulté assez grande.

En appuyant sur la détente, on risque de déranger l'arme, de sorte que, bien dirigée avant qu'on ait touché la détente, elle peut ne plus l'être au moment où le coup part.

Il faut que le tireur ne cesse pas de maintenir la ligne de mire de son arme sur le point visé, pendant tout le temps qu'il agit sur la détente, et tant que le coup n'est pas parti. Le coup doit le surprendre occupé à maintenir la ligne de mire sur le point visé.

Le tireur parvient à ce résultat, s'il retient sa respiration au moment où il commence à toucher la détente, jusqu'à ce que le coup soit parti; s'il n'agit point brusquement sur elle, s'il sait exercer par degrés une pression de plus en plus forte sur ce levier, s'il place le doigt de manière à lui laisser toute sa force et à lui communiquer des mouvements très-restreints, en le faisant agir non point par l'extrémité, mais par la deuxième phalange, autant que la conformation de l'homme le permet.

Lorsqu'on exécute, soit dans les chambres, soit sur le terrain, les exercices prescrits par le présent article, le tampon doit être sur la cheminée, et l'on veille à ce que le tampon n'empêche pas de viser.

L'instructeur indique successivement à chaque soldat la manière d'agir sur la détente ; il prend devant lui une position commode semblable à celle du premier temps de la charge.

Dans cette position, il tient l'arme à la poignée de la main droite, engage le premier doigt en avant de la détente, jusqu'à la deuxième phalange, et agit par degrés sur la détente, en regardant le tampon placé sur la cheminée. Il fait prendre cette même position et exécuter ces mêmes mouvements par chaque soldat, et lui montre la manière d'agir sur la détente.

Après avoir fait répéter cet exercice plusieurs fois par chaque homme, l'instructeur explique à son détachement comment on doit opérer, lorsqu'on veut faire partir le coup sans déranger l'arme, après avoir visé et pris les positions prescrites par la présente instruction ou par l'école du cavalier.

On donne cette explication de la manière suivante :

Agir par degrés sur la détente avec la deuxième phalange du premier doigt de la main droite, en retenant la respiration de telle sorte que le coup (1) surprenne le tireur occupé à maintenir la ligne de mire sur le point visé.

Rester en joue un instant après que le coup est parti, et s'assurer que la ligne de mire passe encore par le point premièrement visé (2).

---

(1) Dans le tir simulé dont il est question, le coup est le choc du chien sur le tampon.

(2) Quand on tire réellement on ne peut rester en joue, une fois le coup parti ; mais si dans le tir réel il se produisait un long feu, le tireur habitué à rester en joue, comme il est prescrit dans cet article, ne dérange pas l'arme avant que le coup soit parti, et le long feu n'empêchera pas le coup d'être bon.

NOTA. On reconnaît un bon tireur à l'immobilité que conserve son arme lorsqu'un raté a lieu dans le tir.

L'instructeur prescrit au soldat de prendre la position du tireur à pied, et de faire partir le coup sans commandement, comme il vient d'être expliqué. Il désigne aux hommes le point qu'ils doivent viser, indique la distance réelle ou supposée du but, et exige qu'on applique la règle de tir de cette distance. Il corrige les positions et reconnaît facilement, par les mouvements de leurs armes, les hommes qui n'ont pas d'aplomb et qui ne savent pas agir sur la détente.

Art. 5.

TIR AVEC DES CAPSULES.

Cet article est une répétition du précédent, avec cette différence que l'on abat le chien sur une capsule au lieu de l'abattre simplement sur le tampon, et qu'on ne montre plus au soldat la manière d'agir sur la détente, comme il est prescrit au commencement de l'article 4.

Les soldats visent l'un après l'autre sur la mèche d'une chandelle placée à une distance de la bouche du canon mesurée par la longueur de la baguette du pistolet. Ils ont soin de diriger d'abord la ligne de mire au-dessous de la mèche, d'élever lentement le guidon de manière à faire partir le coup, lorsque la ligne de mire est dirigée sur le centre de la mèche enflammée.

Si les hommes sont affermis dans les positions, s'ils savent viser, s'ils conservent l'immobilité en visant et en faisant partir le coup, ils éteindront très-souvent la chandelle.

L'exercice du tir aux capsules se fait dans les chambres.

Art. 6.

TIR AVEC DES CARTOUCHES A POUDRE.

Dans le tir aux cartouches à poudre, on se conforme aux principes prescrits précédemment.

L'instructeur forme son détachement de douze hommes sur le terrain, comme il a été ordonné article 1er.

Les hommes font feu successivement sur la cible placée ou supposée à une distance réglementaire du but.

ART. 7.

TIR INDIVIDUEL AUX DIVERSES DISTANCES AVEC CARTOUCHES A BALLE.

Les distances réglementaires de tir, pour le cavalier à pied, sont celles de 25, 30 et 50 mètres.

Elles sont mesurées et marquées sur le champ de tir par les soins du capitaine instructeur.

Le tir à chaque distance se fait en une seule séance.

Les anciens et les jeunes soldats tirent aux mêmes distances et sur des buts de même dimension.

A chaque séance on fait brûler quatre cartouches à balle par les anciens et par les jeunes soldats.

Le tir de ces quatre balles est toujours précédé d'un tir simulé, dans lequel chaque cavalier brûle une cartouche à poudre.

Cet exercice préparatoire sert à rappeler à chaque cavalier la règle de tir de la distance, et a de plus l'avantage de flamber l'arme.

Les instructeurs doivent faire exécuter ce feu simulé avec beaucoup de soin, et faire pendant cet exercice toutes les observations et rectifications qu'ils jugent nécessaires.

Pendant le tir à balle, les instructeurs et les officiers qui dirigent le feu évitent de se placer trop près du tireur; ils font peu d'observations, pour ne pas distraire son attention. Si celui-ci a mal appliqué quelque principe essentiel, on lui explique après le coup la faute qu'il a commise, et on lui apprend comment il doit l'éviter.

Les sous-officiers participent à tous les tirs de cette leçon.

Les escadrons étant sur le champ de tir sont divisés en quatre pelotons. Les pelotons qui attendent leur tour pour tirer reprennent pendant quelque temps les exercices du pointage. Le reste du temps est employé à l'appréciation des distances. On doit insister surtout sur la règle de tir de la distance à laquelle on va tirer.

Le peloton qui doit exécuter son tir est formé sur deux rangs, le front de la troupe placé perpendiculairement au plan de tir et à quinze mètres environ en arrière du point que doit occuper le tireur.

Chaque cavalier de ce peloton reçoit une cartouche à poudre et quatre cartouches à balle.

Avant de commencer le tir, l'officier de peloton fait sonner un demi-appel.

A ce signal, chacun se place à son poste; les officiers e les sous-officiers près du point que doit occuper le tireur; le sous-officier observateur derrière l'épaulement placé à côté et en avant de la cible.

Le sous-officier commande ensuite aux trois premières files du peloton de se porter en avant, les arrête lorsqu'elles ont marché l'espace de dix mètres, les fait placer sur un rang, et fait exécuter la charge à volonté; après la charge, les cavaliers restent à la position de *Haut=(le)* PISTOLET.

Lorsqu'on a donné le signal pour commencer le feu, le cavalier de droite se porte directement au point que doit occuper le tireur, fait feu, se retire par la droite, et vient reprendre sa place; il recharge son arme aussitôt, sans commandement, et fait haut le pistolet.

Le deuxième homme de droite suit le mouvement du premier, se place à la position de haut le pistolet à trois pas derrière lui, et se tient prêt à le remplacer; il fait feu à son tour, se retire par la droite et vient se placer à la gauche du premier homme et sur le même alignement; il recharge son arme aussitôt sans commandement et fait haut le pistolet.

Lorsque les six cavaliers ont fait feu, le premier homme de droite tire de nouveau, et le mouvement continue ainsi jusqu'à l'épuisement des quatre cartouches.

Si une arme rate, le cavalier se retire, se place à la gauche du tireur qui le remplace et remet son arme en état, puis fait feu à l'avertissement du sous-officier, et reprend sa place de manière que les tireurs reviennent toujours dans le même ordre.

Quand ce premier groupe a terminé son feu, il se retire et se place à la gauche du peloton.

Le sous-officier fait avancer les trois files suivantes, procède pour elles comme il a fait pour les premières, et le tir continue ainsi jusqu'à ce que tout le détachement ait terminé son tir.

Le sous-officier remplit la colonne de balles mises dans la situation d'effectif à mesure que le tir a lieu.

Les balles mises dans le cercle noir n'ont pas plus de valeur, sur les registres de tir, que celles qui ont touché un autre point de la cible.

Un sous-officier placé dans un abri creusé au pied de la butte et couvert par un petit épaulement en terre damée, d'une épaisseur de un mètre au minimum, indique à l'aide d'un fanion les balles qui touchent la cible et le noir; il soulève le fanion et le laisse immobile pendant un instant lorsqu'il veut signaler une balle ayant frappé la cible hors du cercle noir; il indique que la balle a touché le cercle noir en soulevant le fanion et en l'agitant en l'air.

Il faut une grande attention dans le service du sous-officier chargé de signaler les balles ayant touché le but.

Toutes les fois qu'une balle frappe la cible, le trompette sonne un demi-appel; si la balle touche le cercle noir, le trompette sonne en plus un refrain.

Après le tir de chaque peloton, l'officier, aidé du sous-officier ou d'un brigadier, compte le nombre de trous de balle marqués sur la cible. Le maréchal des logis instructeur doit, d'après ce relevé, rectifier le mieux possible les notes prises pendant le tir, en se souvenant des coups douteux qu'il a dû marquer sur son calepin.

L'officier instructeur tient note des résultats généraux (1).

---

(1) Pour les détails accessoires et les notions complémentaires, se reporter à l'instruction du 8 avril 1862.

INSTRUCTION PRATIQUE

POUR DONNER

LA LEÇON SUR LE TERRAIN.

CARABINIERS ET CUIRASSIERS.

ÉCOLE DU CAVALIER A PIED.

INSTRUCTION PRATIQUE

POUR DONNER

LA LEÇON SUR LE TERRAIN.

CARABINIERS ET CUIRASSIERS.

ÉCOLE DU CAVALIER A PIED.

Observations pour les Instructeurs.

1. Immédiatement après avoir donné l'explication littérale d'un mouvement, l'instructeur doit toujours exécuter le mouvement qu'il va commander, afin de joindre l'exemple au principe.

2. L'instructeur doit habituer l'homme de recrue à prendre de lui-même la position démontrée, et ne le touche pour la rectifier que lorsque son défaut d'intelligence l'exige.

3. L'instructeur, pour expliquer un mouvement d'exercice, commence par énoncer ce mouvement ; c'est l'*indication*.

Il en expose ensuite le détail ; c'est l'*explication*.

L'*explication* se donne sur un ton distinct, élevé et soutenu.

L'*indication* se fait avec une inflexion de voix qu'on est convenu d'appeler *ton d'observation*, qui est moins élevé que le *ton d'explication*.

Certains passages d'une *explication* se donnent quelquefois sur le *ton d'observation*.

Afin de faciliter la lecture et l'étude de l'*instruction pratique pour donner la leçon sur le terrain*, toutes les indications sont en caractères *italiques*, et les passages des *explications* qui doivent se donner sur le *ton d'observation* sont en texte plus petit.

4. Comme chacun des mouvements doit être parfaitement compris, avant de faire passer à un autre, tous les exercices qui se décomposent en *temps* et *mouvements*, doivent être exécutés (autant de fois que l'instructeur le juge nécessaire), en suivant la série indiquée dans chaque leçon : d'abord, *avec indication et explication*, ensuite, *avec indication sans explication*, et enfin *sans indication ni explication*.

Lorsque les mouvements, ainsi exécutés méthodiquement, ont été parfaitement compris, l'instructeur ne s'astreint plus à cet ordre, et doit, au contraire, l'intervertir, pour juger de l'intelligence des cavaliers.

5. Lorsqu'un temps d'exercice est mal exécuté, il est de convention de commander AU TEMPS pour faire revenir le cavalier à la position dans laquelle il se trouvait avant le commandement.

L'instructeur devra donc, au commencement de la première leçon, expliquer à l'homme de recrue la signification de ce commandement.

PREMIÈRE LEÇON.

PREMIÈRE PARTIE.

I. — Position du cavalier à pied.
II. — Tête à droite, tête à gauche.
III. — A droite, à gauche.
IV. — Demi-tour à droite.
V. — Quart d'à-droite, quart d'à-gauche.

4 Les cavaliers, en veste d'écurie et bonnet de police, s'ils ne peuvent être instruits individuellement, sont placés, en nombre de quatre au plus, sur la même ligne et à un mètre l'un de l'autre.

L'instructeur appelle leur attention sur l'explication littérale qu'il va donner, et leur recommande de placer les différentes parties du corps, à mesure qu'elles seront nommées dans le détail.

I. — Position du cavalier à pied.

INDICATION. *Position du cavalier à pied.*

EXPLICATION. 5. Les talons sur la même ligne et....
Les pieds un peu....
Les jarrets tendus....
Le corps d'aplomb....
Les épaules effacées....
Les coudes près....
La paume de la main....
La tête droite....

Le menton....
Les yeux....

L'instructeur corrige avec soin la position du cavalier et veille à ce qu'il n'y mette aucune espèce de roideur.

EXPLICATION. 2. Au commandement *En place* = REPOS, le cavalier n'est plus astreint à garder l'immobilité, mais il conserve toujours l'un ou l'autre pied en place.

EXÉCUTION. *En place* = REPOS.

EXPLICATION. 3. Au commandement, GARDE A VOUS, le cavalier prend la position, l'immobilité, et fixe son attention.

EXÉCUTION. GARDE A VOUS.

II. — Tête à droite, tête à gauche.

INDICATION. *Tête à droite.*

EXPLICATION. 7. A la dernière partie du commandement *Tête à* DROITE, qui est DROITE....

EXÉCUTION. *Tête* = (*à*) DROITE.

EXPLICATION. Au commandement FIXE, replacer doucement....

EXÉCUTION. FIXE.

INDICATION. *Tête à gauche.*

EXPLICATION. 8. Le mouvement *tête à gauche* s'exécute suivant les mêmes principes que le mouvement *tête à droite* et par les moyens inverses.

EXÉCUTION. *Tête* = (*à*) GAUCHE.

EXPLICATION. 2. Au commandement, REPOS, le

cavalier n'est plus tenu à garder l'immobilité, ni à rester en place.

EXÉCUTION. REPOS.

III. — A droite, à gauche.

INDICATION. *A droite, 1 temps.*

EXPLICATION. 10. Aux commandements : 1. *Cavalier à droite ;* 2. DROITE, soulever légèrement....

EXÉCUTION. 1. *Cavalier à droite.*
2. DROITE.

INDICATION. *A gauche, 1 temps.*

EXPLICATION. L'*à-gauche* s'exécute suivant les mêmes principes que l'*à-droite*, en tournant le corps à gauche.

Pour exécuter un *à-droite* ou un *à-gauche*, c'est toujours sur le talon gauche qu'on doit tourner.

EXÉCUTION. 1. *Cavalier à gauche.*
2. GAUCHE.

IV. — Demi-tour à droite.

INDICATION. *Demi-tour à droite, 2 temps.*

EXPLICATION. 11. A la première partie du commandement, qui est CAVALIER DEMI-TOUR, faire un *demi-à-droite* sur le talon gauche....

EXÉCUTION. CAVALIER DEMI-TOUR.

EXPLICATION. A la dernière partie du commandement, qui est DROITE, tourner sur les deux talons pour....

EXÉCUTION. =(*à*) DROITE.

V.—Quart d'à-droite, quart d'à-gauche.

INDICATION. *Quart d'à-droite, 1 temps.*

EXPLICATION. 12. Aux commandements : 1. *Cavalier oblique à droite;* 2. DROITE, soulever légèrement....

EXÉCUTION. 1. *Cavalier oblique à droite.*
2. DROITE.

INDICATION. *Quart d'à-gauche, 1 temps.*

EXPLICATION. *Le quart d'à-gauche* s'exécute suivant les mêmes principes que *le quart d'à-droite.*

Pour exécuter un *quart d'à-droite* ou un *quart d'à-gauche*, c'est toujours sur le talon gauche qu'on doit tourner.

EXÉCUTION. 1. *Cavalier oblique à gauche* (1).
2. GAUCHE.

DEUXIÈME PARTIE.

I.—Pas ordinaire.
II.—Marquer le pas.
III.—Changer le pas.
IV.—A droite ou à gauche en marchant.
V.—Quart d'à-droite ou quart d'à-gauche en marchant.

---

(1) Répéter ce mouvement de manière à faire concevoir au cavalier qu'il faut quatre *quarts d'à-droite* ou *quarts d'à-gauche* pour compléter un *à-droite* ou un *à-gauche.*

VI. — Pas accéléré.

VII. — Pas en arrière.

I. — Pas ordinaire.

L'instructeur se place à 10 pas en avant du cavalier, lui faisant face.

INDICATION. *Pas ordinaire.*

EXPLICATION. 14. La longueur du pas ordinaire est de 65 centimètres, mesurés d'un talon à l'autre; sa vitesse est de 76 par minute.

15. Au commandement *Cavalier en avant*, porter le poids du corps sur la jambe droite...

EXÉCUTION. 1. *Cavalier en avant.*

EXPLICATION. Au commandement, MARCHE, porter vivement et sans secousse le pied gauche...

EXÉCUTION. 2. MARCHE.

Le cavalier étant en marche :

EXPLICATION. 17. Aux commandements : 1. *Cavalier;* 2. HALTE, rapporter le pied....

EXÉCUTION. 1. *Cavalier.*
2. HALTE.

II. — Marquer le pas.

INDICATION. *Marquer le pas.*

EXPLICATION. 19. Le cavalier étant en marche, aux commandements : 1. *Marquez le pas;* 2. MARCHE, rapporter les talons....

Porter le cavalier en avant.

EXÉCUTION 1. *Marquez le pas.*
2. MARCHE.

EXPLICATION. 20. Aux commandements : 1. *Cavalier en avant*; 2. MARCHE, le cavalier reprend le pas de 2/3 de mètre.

EXÉCUTION. 1. *Cavalier en avant.*
2. MARCHE.

Arrêter.

III. — Changer le pas.

INDICATION. *Changez le pas.*

EXPLICATION. 21. Le cavalier étant en marche, aux commandements : 1. *Changez le pas;* 2. MARCHE, rapporter à côté....

Porter le cavalier en avant.

EXÉCUTION. 1. *Changez le pas.*
2. MARCHE (1).

Arrêter.

IV. — A droite ou à gauche en marchant.

INDICATION. *A droite en marchant.*

EXPLICATION. 22. Le cavalier étant en marche, aux commandements : 1. *Cavalier à droite;* 2. MARCHE, tourner le corps à droite....

Porter le cavalier en avant.

---

(1) L'instructeur fait le commandement MARCHE à l'instant où le pied va poser à terre ; il a soin de faire ce commandement alternativement sur l'un et l'autre pied.

Exécution. 1. *Cavalier à droite.*
2. Marche (1).

Arrêter.

Indication. *A gauche en marchant.*

Explication. *L'à-gauche en marchant* s'exécute suivant les mêmes principes que *l'à-droite en marchant* et par les moyens inverses.

Porter le cavalier en avant.

Exécution. 1. *Cavalier à gauche.*
2. Marche (2).

Arrêter.

V. — Quart d'à-droite ou quart d'à-gauche en marchant.

Indication. *Quart d'à-droite en marchant.*

Explication. 23. Le cavalier étant en marche, aux commandements : 1. *Cavalier oblique à droite;* 2. marche, le cavalier exécute un....

Porter le cavalier en avant.

Exécution. 1. *Cavalier oblique à droite.*
2. Marche.

Explication. 24. A la dernière partie du commandement, *en* avant, qui est avant, le cavalier exécute un *quart d'à-gauche* et il se porte droit devant lui.

Exécution. *En* = avant.

Arrêter.

---

(1) L'instructeur fait le commandement marche à l'instant où le pied *gauche* va poser à terre.

(2) L'instructeur fait le commandement marche à l'instant où le pied *droit* va poser à terre.

INDICATION. *Quart d'à-gauche en marchant.*

EXPLICATION. Le *quart d'à-gauche en marchant* s'exécute suivant les mêmes principes que le *quart d'à-droite en marchant* et par les moyens inverses.

Porter le cavalier en avant.

EXÉCUTION. 1. *Cavalier oblique à gauche.*
2. MARCHE.

EXPLICATION. A la dernière partie du commandement, *en* AVANT, qui est AVANT, le cavalier exécute un *quart d'à-droite* et il se porte droit devant lui.

EXÉCUTION. *En* == AVANT.

Arrêter.

VI. — Pas accéléré.

INDICATION. *Pas accéléré.*

EXPLICATION. 25. La longueur du pas accéléré est la même que celle du pas ordinaire; sa vitesse est de 100 par minute.

26. Aux commandements : 1. *Cavalier en avant*; 2. *Pas accéléré*; 3. MARCHE, partir vivement du pied gauche, et....

EXÉCUTION. 1. *Cavalier en avant.*
2. *Pas accéléré.*
3. MARCHE.

28. Exercer le cavalier, marchant au pas accéléré, à *arrêter*, à *marquer le pas*, à *se porter en avant*, à *changer le pas*, à faire des *à-droite*, des *à-gauche*, des *quarts d'à-droite*, des *quarts d'à-gauche* et à *se reporter en avant*.

Le cavalier étant de pied ferme :

EXPLICATION. 29. Le cavalier marchant au pas accéléré, aux commandements : 1. *Pas ordi-*

naire; 2. MARCHE, le cavalier prend le pas ordinaire.

Porter le cavalier en avant, au pas accéléré.

EXÉCUTION. 1. *Pas ordinaire.*
2. MARCHE.

Arrêter.

EXPLICATION. 30. Le cavalier marchant au pas ordinaire, aux commandements : 1. *Pas accéléré;* 2. MARCHE, le cavalier reprend le pas accéléré.

Porter le cavalier en avant, au pas ordinaire.

EXÉCUTION. 1. *Pas accéléré.*
2. MARCHE.

Arrêter.

VII. — Pas en arrière.

INDICATION. *Pas en arrière.*

EXPLICATION. 32. Le pas en arrière est de 33 centimètres, mesurés d'un talon à l'autre.

33. Aux commandements : 1. *Cavalier en arrière;* 2. MARCHE, porter le pied gauche en arrière à 33 centimètres, retirer et porter le pied droit également en arrière, et ainsi successivement jusqu'aux commandements : 1. *Cavalier;* 2. HALTE.

Au commandement, HALTE, rapporter le pied qui est en avant à côté de l'autre sans frapper.

EXÉCUTION. 1. *Cavalier en arrière.*
2. MARCHE.
3. *Cavalier.*
4. HALTE.

DEUXIÈME LEÇON.

Les carabiniers et les cuirassiers n'ayant pour arme que le sabre, on les fait passer de suite à la troisième leçon.

TROISIÈME LEÇON.

PREMIÈRE PARTIE.

I. — Maniement des armes, les cavaliers ayant le sabre.

II. — Inspection des armes.

96. Les cavaliers sont en veste d'écurie, casque et sabre, et sont placés sur un rang de quatre ou de huit au plus, à un mètre l'un de l'autre.

EXPLICATION. 5. Quand le cavalier est en armes, il a la main gauche pendante sur le côté pardessus le sabre.

I. — Maniement des armes, les cavaliers ayant le sabre.

INDICATION. *Sabre à la main*, 2 *temps*.

EXPLICATION. 98. A la première partie du commandement, qui est SABRE, incliner légèrement la tête à....

EXÉCUTION. SABRE.

EXPLICATION. A la dernière partie du commandement, qui est MAIN, tirer vivement le sabre....

EXÉCUTION. = (*à la*) MAIN.

INDICATION. *Présentez le sabre*, 1 *temps*.

EXPLICATION. 99. A la dernière partie du commandement, qui est SABRE, porter le sabre en avant....

EXÉCUTION. *Présentez* = (*le*) SABRE.

INDICATION. *Portez le sabre*, 1 *temps*.

EXPLICATION. 100. A la dernière partie du commandement, qui est SABRE, reporter le sabre, le dos de la....

EXÉCUTION. *Portez* = (*le*) SABRE.

INDICATION. *Remettez le sabre*, 2 *temps*.

EXPLICATION. 101. A la première partie du commandement, qui est REMETTEZ, exécuter le mouvement de....

EXÉCUTION. REMETTEZ.

EXPLICATION. A la dernière partie du commandement, qui est SABRE, porter le poignet vis-à-vis et....

EXÉCUTION. = (*le*) SABRE.

Faire mettre le sabre à la main.

INDICATION. *Reposez le sabre*, 1 *temps*. 3 *mouvements* (1).

---

(1) Les mouvements : *reposez le sabre* et *portez le sabre* ne sont pas dans l'ordonnance. Cependant, les carabiniers et les cuirassiers doivent pouvoir *reposer l'arme* comme les autres cavaliers. — C'est donc une omission.

Dans quelques régiments, on commande : *Sabre* = (*au*)

EXPLICATION. A la dernière partie du commandement, qui est SABRE, saisir la lame avec la main gauche, à 16 centimètres au-dessus de la garde.

EXÉCUTION. *Reposez* = *(le)* SABRE.

EXPLICATION. Au commandement DEUX, abandonner la poignée du sabre de la main droite, qui saisit les branches, le dos de la main en avant, le pouce entre les deux premières branches.

EXÉCUTION. DEUX.

EXPLICATION. Au commandement TROIS, allonger le bras droit de toute sa longueur et replacer en même temps vivement la main gauche sur le côté.

EXÉCUTION. TROIS.

INDICATION. *Portez le sabre*, 1 *temps*, 3 *mouvements*.

EXPLICATION. A la dernière partie du commandement, qui est SABRE, élever le sabre avec la main droite, à hauteur de la hanche, et saisir en même temps la lame avec la main gauche, à 16 centimètres au-dessus de la garde.

EXÉCUTION. *Portez* = *(le)* SABRE.

EXPLICATION. Au commandement DEUX, replacer la main droite à la position du port du sabre, le petit doigt en dehors de la poignée.

EXÉCUTION. DEUX.

EXPLICATION. Au commandement TROIS, replacer vivement la main gauche sur le côté.

EXÉCUTION. TROIS.

REPOS. Le commandement *reposez* = *(le)* SABRE a plus d'analogie avec le maniement des autres armes.

Faire présenter le sabre.

INDICATION. *Genou à terre*, 1 *temps*.

EXPLICATION. 102. A la dernière partie du commandement, qui est TERRE, mettre le genou droit à terre, à 16 centimètres en arrière....

EXÉCUTION. *Genou* = *(à)* TERRE.

INDICATION. *Portez le sabre*, 2 *temps*.

EXPLICATION. 103. A la première partie du commandement, qui est PORTEZ, se relever, rapporter....

EXÉCUTION. PORTEZ.

EXPLICATION. A la dernière partie du commandement, qui est SABRE, porter le sabre ...

EXÉCUTION. = *(le)* SABRE.

II. — Inspection des armes.

INDICATION. *Inspection du sabre*, 1 *temps*, 7 *mouvements*.

EXPLICATION. 105. A la dernière partie du commandement, qui est SABRE, exécuter....

EXÉCUTION. *Inspection* = *(du)* SABRE.

EXPLICATION. Au commandement DEUX, exécuter....

EXÉCUTION. DEUX.

EXPLICATION. Au commandement TROIS, présenter le sabre.

EXÉCUTION. TROIS.

Et ainsi de suite, jusqu'au 7e mouvement inclusivement.

138. Les cavaliers, ayant le sabre à l'épaule, sont exercés à tous les mouvements de la *première* partie de la *première leçon*. L'instructeur veille à ce que le port du sabre soit régulier.

DEUXIÈME PARTIE.

Marche aux différents pas avec les armes.

141. Les cavaliers, ayant le sabre à l'épaule, sont exercés aux différents pas et aux mouvements détaillés dans la *deuxième* partie de la *première leçon*.

Ils sont exercés, en outre, à *reposer le sabre* et à *le porter* en marchant.

143. Toutes les fois qu'on commande HALTE, si les cavaliers ont le *sabre reposé*, ils portent vivement le sabre.

QUATRIÈME LEÇON.

PREMIÈRE PARTIE.

Exercice du sabre.

145. Les cavaliers, au nombre de huit à douze, armés de leur sabre, sont placés sur un rang, à trois mètres l'un de l'autre. Ils sont en veste d'écurie et casque. Quand ils commencent à exécuter régulièrement tous les mouvements de l'exercice du sabre, ils sont exercés ayant leurs cuirasses.

Faire mettre le sabre à la main.

EXPLICATION (1). 117. Le *côté droit*, est la partie de la poignée opposée à la garde.

Le *côté gauche*, est la partie de la poignée du côté de la garde.

Tierce, est la position dans laquelle le tranchant de la lame est tourné à droite (ou en dehors), les ongles en dessous.

Quarte, est la position dans laquelle le tranchant de la lame est tourné à gauche (ou en dedans), les ongles en dessus.

INDICATION. 1. *Exercice du sabre.*
2. *En garde*, 1 *temps.*

EXPLICATION. 119. Au commandement EN GARDE, porter le pied droit....

EXÉCUTION. EN GARDE.

INDICATION *Portez le sabre*, 1 *temps.*

EXPLICATION. 151. A la dernière partie du commandement, qui est SABRE, porter le sabre, le dos de la lame au défaut de l'épaule....

EXÉCUTION. *Portez* = (*le*) SABRE.

Moulinets.

Les cavaliers étant à la position EN GARDE :

EXPLICATION. 146. Il faut que les cavaliers n'emploient pas, dans l'exercice du sabre, une force qui, non-seu-

---

(1) L'instructeur, à mesure qu'il donne ce détail, montre chaque partie qu'il nomme, ou prend la position qu'il indique; puis il questionne chaque cavalier l'un après l'autre, pour s'assurer que tous ont parfaitement compris.

lement, y est moins nécessaire que la dextérité et la souplesse, mais y serait même préjudiciable.

Il ne faut pas qu'ils se penchent de manière à perdre l'assiette quand ils seront à cheval.

Dans les mouvements de sabre en arrière, il ne faut pas laisser tomber la lame trop près du corps, afin de ne pas blesser le cheval.

Le sabre, en décrivant un cercle, doit présenter le plat de côté et le tranchant en avant et être dirigé de manière qu'il ne puisse atteindre ni la tête du cheval, ni ses hanches, ni les genoux du cavalier.

INDICATION. *A gauche moulinet, 1 temps, 2 mouvements.*

EXPLICATION. 120. A la dernière partie du commandement, qui est MOULINET, étendre....

EXÉCUTION. *A gauche* = MOULINET.

EXPLICATION. Au commandement DEUX, baisser la lame en arrière....

EXÉCUTION. DEUX.

INDICATION. *A droite moulinet, 1 temps, 2 mouvements.*

EXPLICATION. 121. A la dernière partie du commandement, qui est MOULINET, étendre le....

EXÉCUTION. *A droite* = MOULINET.

EXPLICATION. Au commandement DEUX, baisser la lame en arrière du.....

EXÉCUTION. DEUX.

INDICATION. *A gauche et à droite moulinet. 1 temps, 2 mouvements.*

EXPLICATION. 122. A la dernière partie du commandement, qui est MOULINET, exécuter le premier mouvement d'*à gauche moulinet.*

EXÉCUTION. *A gauche et à droite* = MOULINET.

EXPLICATION. Au commandement DEUX, les cavaliers exécutent alternativement et sans s'arrêter sur aucun mouvement le *moulinet à gauche* et le *moulinet à droite.*

EXÉCUTION. DEUX.

INDICATION. *A droite et à gauche moulinet, 1 temps, 2 mouvements.*

EXPLICATION. A la dernière partie du commandement, qui est MOULINET, exécuter le premier mouvement d'*à droite moulinet.*

EXÉCUTION. *A droite et à gauche* = MOULINET.

EXPLICATION. Au commandement DEUX, les cavaliers exécutent alternativement et sans s'arrêter sur aucun mouvement le *moulinet à droite* et le *moulinet à gauche.*

EXÉCUTION. DEUX.

INDICATION. *En arrière moulinet,* 1 *temps,* 2 *mouvements.*

EXPLICATION. 124. A la dernière partie du commandement, qui est MOULINET, élever le bras....

EXÉCUTION. *En arrière* = MOULINET.

EXPLICATION. Au commandement DEUX, décrire....

EXÉCUTION. DEUX.

EXPLICATION. Les moulinets continueront jusqu'au commandement EN GARDE.

EXÉCUTION. *A gauche* = MOULINET.
A droite = MOULINET.
A gauche et à droite = MOULINET.
A droite et à gauche = MOULINET.
En arrière = MOULINET.

116. Lorsque les cavaliers savent exécuter les moulinets, on commence toujours, et on finit chaque leçon par des moulinets exécutés à un degré de vitesse proportionné aux progrès des cavaliers.

Coups de pointe.

INDICATION. *En tierce pointez*, 1 *temps*, 3 *mouvements*.

EXPLICATION. 125. A la dernière partie du commandement, qui est POINTEZ, élever et....

EXÉCUTION. *En tierce* = POINTEZ.

EXPLICATION. Au commandement DEUX, porter le....

EXÉCUTION. DEUX.

EXPLICATION. Au commandement TROIS, se remettre en garde.

EXÉCUTION. TROIS.

Même manière de procéder pour les coups de pointe suivants :

En quarte = POINTEZ.

A gauche = POINTEZ.

A droite = POINTEZ.

En arrière = POINTEZ.

Contre infanterie à gauche = POINTEZ.

Contre infanterie à droite = POINTEZ.

Quand on exécute la série des coups de pointe *sans indication et sans explication*, l'instructeur fait l'observation suivante :

EXPLICATION. 116. Les coups de pointe doivent toujours être employés de préférence, comme exigeant moins de force et ayant un résultat plus certain et plus décisif.

Le cavalier doit les diriger vivement et à fond au corps de l'adversaire, en tenant la poignée du sabre à pleine main, le pouce appuyé contre la garde, dans la direction de la lame.

Coups de sabre.

INDICATION. *En avant, sabrez*, 1 *temps*, 3 *mouvements.*

EXPLICATION. 132. A la dernière partie du commandement, qui est SABREZ, élever le sabre....

EXÉCUTION. *En avant*=SABREZ.

EXPLICATION. Au commandement DEUX, porter un coup de....

EXÉCUTION. DEUX.

EXPLICATION. Au commandement TROIS, se remettre en garde.

EXÉCUTION. TROIS.

Même manière de procéder pour les coups de sabre suivants :

A gauche=SABREZ.

A droite=SABREZ.

A droite, en tierce et en quarte=SABREZ.

A gauche, en quarte et en tierce=SABREZ.

En arrière, en tierce et en quarte=SABREZ.

Quand on exécute la série des coups de sabre *avec indication, mais sans explication*, l'instructeur fait l'observation suivante, après avoir fait exécuter les coups de sabre *en avant, à gauche et à droite* contre la cavalerie :

EXPLICATION 134. Les coups de sabre *en avant, à gauche* et *à droite*, s'emploieront contre l'infanterie, en observant de les diriger verticalement.

Quand on exécute la série des coups de sabre *sans indi-*

cation et sans explication, l'instructeur fait l'observation suivante :

EXPLICATION (1). 116. Les coups de sabre se termineront par un demi-moulinet qui ramènera à la position en garde.

Dans les coups de sabre doubles, *le deuxième* seul se terminera par un demi-moulinet.

Lorsqu'on veut, dans cette série *sans indication* et *sans explication*, faire exécuter les coups de sabre contre l'infanterie, il suffit, avant le commandement, de faire l'avertissement :

Coups de sabre contre l'infanterie.

Parades.

INDICATION. *En tierce parez, 1 temps, 2 mouvements.*

EXPLICATION. 139. A la dernière partie du commandement, qui est PAREZ, porter vivement....

EXÉCUTION. *En tierce* = PAREZ.

EXPLICATION. Au commandement DEUX, se remettre en garde.

EXÉCUTION. DEUX.

Même manière de procéder pour les parades suivantes :

En quarte = PAREZ.
Pour la tête = PAREZ.
Contre infanterie à droite = PAREZ.
Contre infanterie à gauche = PAREZ.

(1) Dans les coups de sabre doubles, l'instructeur veille à ce que les deux coups soient portés sur la même ligne bien horizontalement.

143. Lorsque les cavaliers commencent à exécuter correctement *les coups de pointe, les coups de sabre et les parades*, l'instructeur leur en fait faire l'application par les mouvements composés suivants :

En tierce = POINTEZ ET EN AVANT SABREZ.
En quarte = POINTEZ ET EN AVANT SABREZ.
A gauche = POINTEZ ET SABREZ.
A droite = POINTEZ ET SABREZ.
En arrière = POINTEZ ET SABREZ.
Contre infanterie à droite = POINTEZ ET SABREZ.
Contre infanterie à gauche = POINTEZ ET SABREZ.

DEUXIÈME PARTIE.

Tir à la cible.

L'Instruction sur le tir à l'usage des troupes à cheval, du 8 avril 1862, fixe les prescriptions suivantes pour l'application de cette instruction :

Le jeune soldat doit apprendre la nomenclature, le montage, le démontage et l'entretien de son arme, depuis son arrivée au corps jusqu'à la fin de la première partie de la quatrième leçon à pied.

Le tir à la cible à pied, qui fait l'objet de la deuxième partie de la quatrième leçon à pied, commence en même temps que le premier article de l'école du peloton à pied et est mené de manière à être terminé avec cette école.

Jusqu'à la deuxième partie de la quatrième leçon à pied, on apprendra donc à l'homme de recrue, dans les chambres, la nomenclature des différentes parties et des accessoires du pistolet rayé ; on lui apprendra également à le démonter, le remonter et l'entretenir.

Lorsque l'homme de recrue aura terminé la première partie de la quatrième leçon à pied, on commencera à lui enseigner les divers détails de l'instruction préparatoire au tir, qui comprend les notions suivantes :

1° Exécuter régulièrement la charge du pistolet suivant les principes prescrits par la nouvelle instruction ;

2° Connaître les règles du tir du pistolet, c'est-à-dire savoir de quelle façon on doit diriger l'arme en raison de l'éloignement du but ;

3° Apprendre à viser ;

4° Prendre, dans le tir, une position qui permette de viser commodément, de conserver facilement l'immobilité du corps, de ne point pencher la hausse et le guidon à droite ou à gauche, de supporter le recul ;

5° Tirer avec des capsules, pour s'habituer à conserver l'immobilité en agissant sur la détente ;

6° Brûler quelques cartouches à poudre, pour s'habituer à la détonation et à l'effet du recul.

Après avoir fait passer scrupuleusement tous les hommes par ces instructions préparatoires, on commence seulement le tir à la cible à balle. Une grande partie des instructions préparatoires au tir à la cible à balle se donne dans les chambres. Le capitaine instructeur divise ses leçons de manière que tous les détails de cette instruction soient terminés à l'époque prescrite, et que les hommes aient tiré chacun quatre balles à chacune des trois distances, en avant, à droite, à gauche et en arrière, au moment où ils terminent l'école du peloton à pied.

Pour chaque séance du tir à balle, le capitaine instructeur fait établir des situations nominatives, par classe d'instruction, des hommes présents. La situation de chaque classe est remise à l'officier chargé de l'instruction de cette classe, et celui-ci fait inscrire les balles mises dans la cible à mesure que le tir a lieu.

Ces inscriptions sont relevées et portées sur un état général de tir, adressé au lieutenant-colonel, et qui constate que l'instruction des recrues a été complétée dans cette partie.

Paris. — Impr. de Cosse et J. Dumaine, rue Christine, 2.

www.ingramcontent.com/pod-product-compliance
Lightning Source LLC
LaVergne TN
LVHW020037170826
845678LV00001B/295
* 9 7 8 2 3 2 9 6 9 3 6 1 3 *